DE
L'INITIATIVE RÉVOLUTIONNAIRE
EN EUROPE.

Extrait de la *Revue Républicaine* du mois de janvier 1835.

L'INITIATIVE RÉVOLUTIONNAIRE
EN EUROPE [1]

Dans un article précédent, M. Louis Blanc, l'un de nos collaborateurs, a signalé à l'attention du parti républicain l'association de la *Giovine Italia* et le journal qu'elle publie sous ce titre. Parmi les nombreux proscrits dont les espérances se sont rattachées à cette association, nous avons nommé M. Mazzini, dont la plume habile et dévouée enrichit la *Jeune Italie* d'articles aussi remarquables par la hauteur des idées que par l'éclat du style. Notre intention était de tenir les patriotes français au courant des doctrines sociales et des conceptions révolutionnaires des patriotes italiens, en rendant compte de leurs travaux. Mais avant d'avoir eu le temps d'accomplir ce projet, nous recevons un article que M. Mazzini a bien voulu adresser à la *Revue Républicaine*.

Nous nous empressons de publier cet article, quoiqu'il ne soit pas complètement dans le point de vue d'unité de la *Revue*. Ceux de nos lecteurs qui veulent bien suivre avec attention la série de nos idées et de nos travaux, apercevront facilement les points de dissidence. Mais nous regardons comme un devoir impérieux d'ouvrir notre tribune, quelque modeste et peu retentissante qu'elle soit, à la voix de tous les hommes proscrits, opprimés par les royautés. Ce ne sera jamais notre faute si leurs plaintes et leurs espérances ne sont pas entendues. Nous protestons ainsi, autant

[1] Je prie ceux qui doivent lire cet article, de ne pas s'effaroucher de quelques expressions, que l'article entier explique, et d'aller jusqu'au bout. Je serais au désespoir que ma pensée fût mal interprétée ; j'aime la France comme une seconde patrie ; je la révère comme la patrie de l'intelligence européenne, comme celle qui a eu depuis des siècles l'initiative du mouvement ; mais je crois non seulement de mon devoir, mais du devoir des intelligences en France de chercher à réhabiliter la conscience des peuples, que la puissance d'initiative française mal comprise, mal appliquée, et substituée à la force d'activité qui réside en chaque peuple a étouffée, abâtardie jusqu'à ce jour... Je crois que la révolution européenne est à ce prix. (*Note de M. Mazzini.*)

qu'il est en nous, contre les lâchetés ministérielles qui compromettent la France, en lui faisant perdre momentanément aux yeux de l'Europe la sainte initiative de la liberté.

C'est un devoir que nous accomplissons envers la France. D'un jour à l'autre, elle peut briser ses entraves et reprendre, au bénéfice de l'Europe, la grande et sainte mission de l'initiative révolutionnaire; mais cette mission d'affranchissement ne doit pas se faire en aveugle; elle doit connaître les hommes, les peuples, les intérêts, les idées, au secours desquels elle volera fraternellement. L'article que nous publions aujourd'hui doit contribuer à éclairer cette mission d'un avenir peut-être prochain. Sous ce point de vue, l'écrit de M. Mazzini nous semble d'une haute importance, car cet illustre proscrit, par son caractère, ses talens, ses travaux, par le privilège des persécutions, résume en lui les idées et les espérances d'un grand nombre de patriotes italiens et allemands.

Comme nous espérons que M. Mazzini et ses collaborateurs voudront bien nous envoyer encore des articles où ils continueront l'exposition de leurs doctrines sociales, de leurs idées d'avenir européen, nous attendrons encore pour formuler nettement les différences qui existent entre les idées révolutionnaires de la France, et les idées révolutionnaires de l'Italie ou de l'Allemagne. Cependant, nous ne pouvons ajourner quelques réflexions sur l'article que nos lecteurs vont lire.

Deux mots sur la question d'avenir, de but social. — A-t-elle été bien posée par les premiers révolutionnaires français? — Devons-nous les continuer, ou poser un nouveau programme social?

Les véritables, les seuls révolutionnaires français, les Montagnards, ont posé comme but de l'avenir social la réalisation de cette synthèse: *fraternité, égalité, liberté*; c'est-à-dire la satisfaction de toutes les aptitudes des hommes, considérés du point de vue social et du point de vue individuel. Ils n'ont pas voulu sacrifier l'homme à la société: ils on écrit *liberté*. Ils ont encore moins voulu sacrifier la société à aucun homme ni à aucune classe d'hommes: ils ont écrit *égalité*; mais ils ont mis l'*égalité* avant la *liberté*, faisant entendre ainsi que jamais l'intérêt social ne serait subordonné à l'intérêt individuel. Il fallait enfin une idée morale qui dominât l'individu, qui légitimât le droit social et sanctifiât en quelque sorte le principe de l'égalité; cette idée morale qui domine les deux autres termes de leur synthèse, c'est la fraternité humaine.

Mais cette égalité n'était-elle qu'un principe abstrait, accepté par eux seulement du point de vue métaphysique? non, certes, car ils traduisaient ce terme de leur synthèse par cette autre formule identique : l'amélioration du sort de tous les hommes souffrans; — car ils posaient comme développement de leur principe une idée sublime, à savoir que le pouvoir social n'est moral qu'à la condition de protéger les faibles, les pauvres, les malheureux, contre toute exploitation, c'est-à-dire de travailler à réaliser l'égalité.

Voilà la question posée en principe par nos pères; maintenant, ont-ils connu tous les moyens scientifiques, économiques, politiques, pour arriver à ce but? Il serait trop long d'examiner ici ces détails, mais nous sommes tout prêts à accorder, pour le moment, que leur époque n'a pu les connaître tous; nous sommes tout prêts à avouer que la science moderne a découvert et découvrira de meilleurs moyens de solution. Nous sommes tous prêts à confesser avec M. Mazzini que l'*association*, quand elle sera sortie du cercle d'une affirmation purement métaphysique, qu'elle aura été scientifiquement formulée et préparée pour l'application, est destinée à être proclamée comme le meilleur procédé pour arriver à l'accomplissement de l'avenir social que nos pères ont nettement posé; mais ce n'est qu'une question de *moyen*, ce n'est pas une question de *but social* : l'*association* n'est qu'un procédé, et n'est pas un principe.

L'époque actuelle n'a donc pas à chercher, dans les nuages de la métaphysique allemande, les données d'un nouveau but social, mais à trouver dans la science positive les plus sûrs moyens de réaliser l'avenir dont nos pères nous ont légué le saint programme.

Tel est, dans des termes fort abrégés, le principal point de dissidence entre M. Mazzini et nous; telle est, à notre avis, sa première erreur. Nous soumettons ces explications à son jugement consciencieux. Nous n'avons pas besoin, nous le pensons, de rappeler que les véritables révolutionnaires français n'ont pas oublié de proclamer la *fraternité des peuples*; et qu'ainsi leur drapeau ne portait pas pour devise : l'*homme*, mais l'*humanité*.

Deux mots sur l'initiative révolutionnaire *actuelle* de la France.

M. Mazzini fait un reproche à la France d'avoir voulu, comme par une sorte d'orgueil, s'attribuer en Europe le monopole de l'initiative révolutionnaire.

Les patriotes français seront toujours prêts à décerner une couronne européenne au peuple qui se lèvera le premier et réalisera l'affranchissement de tous les peuples. S'il existe dans la confédération germanique ou en Italie un peuple qui soit à la fois assez avancé pour briser chez lui, malgré toutes les résistances, tous les liens séculaires de la féodalité laïque ou ecclésiastique ; assez fort pour défendre son droit de ruines contre les royautés coalisées ; assez expansif pour communiquer son ardeur révolutionnaire aux peuples qui l'entourent; qu'il se lève ! la France est prête à applaudir au peuple, athlète victorieux dans ce vaste cirque. Elle applaudira avec bien plus d'enthousiasme qu'elle n'applaudit, il y a quelques années, aux révolutions de Naples, de Piémont, de Madrid; car alors elle n'applaudissait qu'en tremblant pour l'avenir si frêle et si menacé de ces révolutions.

Mais où est-il, ce peuple? S'il existe, qui pourrait croire qu'il fasse abnégation de lui-même au point de se subalterniser à la France? Le jour où la France voudrait se lever encore, irait-elle demander la permission à quelque peuple que ce soit? Non; elle prendrait son temps, son heure. C'est que la France a brisé, depuis quarante ans, toutes les forces féodales qui pourraient l'arrêter ; c'est que, depuis quarante ans, elle a achevé son unité territoriale et administrative, et surtout son unité morale; c'est qu'elle est forte de trente-deux millions d'hommes.

Si donc les patriotes français proclament la nécessité de l'initiative révolutionnaire de la France, ce n'est pas avec orgueil, c'est plutôt avec tristesse ; c'est qu'ils ne peuvent s'isoler de l'observation des faits pour improviser, par leurs seuls désirs, une force révolutionnaire là où elle n'existe pas complètement; pour prêcher à chaque petit peuple l'aventureuse politique des insurrections mortes-nées; c'est qu'ils ne croient pas que les peuples morcelés de la confédération germanique aient une force qui puisse les défendre contre l'Autriche : l'unité leur manque ; c'est qu'ils se rappellent que jadis la France était obligée de protéger ces Etats contre l'Empereur, et qu'ils furent gravement compromis et menacés à l'époque où le ministre Choiseul, abandonnant l'alliance des Etats secondaires, s'unit avec Marie-Thérèse ; c'est qu'ils ont vu, de nos jours, la Pologne expirante parce que la France était *trop loin* ou plutôt trop royalement gouvernée ; les révolutions de Modène et de Bologne, entreprises sur une parole du général Lafayette, et mourantes sous les baïonnettes autrichiennes parce que cette parole n'était pas tenue par la royauté des Tuileries ; c'est qu'ils voient aujourd'hui la Belgique n'exister que par la France, et les quelques Etats germaniques qui, après la révolution de 1830, ont suivi l'impulsion des trois jours, ne conserver les faibles restes de leur indépendance constitutionnelle que par la protection que leur donne encore l'esprit révolutionnaire français, si tristement neutralisé par un gouvernement purement dynastique.

Ainsi donc, les peuples, nos frères, auraient tort de voir la jactance de l'orgueil là où se rencontre seulement la triste observation des faits européens.

La vieille Europe se meurt ; les vieilles choses s'en vont ; toutes ces grandes institutions politiques ou religieuses, géans du moyen-âge, qu'on a vu se disputer, pendant six ou huit siècles, l'empire du monde, croulent et disparaissent ; leur temps est fait, leur règne est passé. Plus de pape ! Plus d'empire ! Plus de royauté ! Plus d'aristocratie ! voilà le cri de l'époque, le mot d'ordre des intelligences, le résumé de tous les systèmes, la pensée européenne ; elle prêche du haut de la tribune que la presse périodique lui a élevée ; elle gronde dans les associations ; elle rugit dans l'émeute ; elle se pose dans les neuf dixièmes des livres qui circulent en Europe ; elle perce à travers l'ironie ou la sombre fureur qui caractérise l'autre dixième ; elle se fait tour-à-tour roman, drame, histoire, chanson, feuilleton, prophétie ; elle glisse une protestation au sein des chambres du privilége ; elle s'incarne dans les proscrits ; là où elle n'a ni journaux, ni presse, ni chambres, ni rien qui puisse la formuler, elle conspire; elle brille dans les fers; elle se divinise sur l'échafaud.

Oui, la vieille Europe se meurt; c'est notre croyance à tous, soit qu'elle se révèle audacieuse et fière par nos actes, soit que, plus timide, elle attende, pour éclater, une de ces manifestations solennelles qui imposent à tous les hommes de cœur le choix d'un drapeau. Et pourtant, qu'elle est lente, son agonie! Depuis vingt ans, les folies de ses soutiens et la pensée qui mène le siècle, lui ont creusé son cercueil; depuis vingt ans, nous entendons sonner la cloche de ses funérailles, et elle vit encore, et chaque matin, cachant sous un nouveau masque les traces de la consomption, elle nous effraie d'un reste de vie qui, depuis long-temps, aurait dû disparaître; un souffle suffirait pour l'éteindre, et l'air est calme, l'immobilité règne autour d'elle; elle a tant fait qu'elle a communiqué sa terreur à ceux qui sont appelés à la détruire. Comme Marius, elle en impose du milieu des ruines; elle glace, elle fascine de son regard de mourante; on voudrait frapper, on ne l'ose pas; les peuples souffrent, mais en silence; pas un d'entre eux qui ne tienne en sa main le fer dont le poids ferait pencher la balance maintenant en suspens; pas un qui ne soit à même, par un mouvement brusque et énergique, d'ébranler le levier des révolutions européennes, et cependant nul ne l'ose; il y a partout attente et inertie. On s'était levé pour un combat à outrance, et tout s'est borné à un engagement de tirailleurs, à de simples affaires d'avant-poste; puis, lorsque la mêlée commençait à devenir chaude, elle s'est tout-à-coup suspendue; et, comme frappés d'une pensée subite, les combattans se sont mis à se reposer sur leurs armes. Pourquoi donc, lorsque le boute-selle a sonné, se reposent-ils, tous ces peuples qui ont tant de choses à faire? Est-ce horreur du sang que doit coûter la croisade? Est-ce un moment de recueillement tel qu'en avaient les Suisses des anciens jours, lorsque, avant de fondre sur l'ennemi, ils s'agenouillaient, croyans sublimes, sur la poussière de leurs pères, pour demander au dieu des saintes batailles le courage des martyrs et la foi des victoires? Il n'en est rien. Ce n'est pas aux devoirs de la lutte, mais à ses chances, qu'ils songent; s'ils ont ployé le genou, ce n'est pas devant Dieu, c'est devant leurs maîtres, et, depuis deux ans, ils sont là, et ne songent pas à se relever. Depuis deux ans, depuis surtout qu'un cri, parti des bords de la Vistule, a jeté, au milieu de nous, cette nouvelle sinistre: *Varsovie est tombée; la Pologne est frappée au cœur*, la terreur les a pris. Quelques démons-

trations isolées ont eu lieu, mais dépourvues d'ensemble, enfan-
tées par le désespoir, plutôt que par la foi dans l'avenir; sans
unité, sans programme, sans but précisé, elles n'ont pas pu secouer
le manteau de plomb qui paraît s'être étendu sur l'Europe. Le lion
a rugi, puis il s'est recouché. Il y a eu encore un effort, sublime
effort non révélé, dévouement inconnu, dans cette Italie qui, en
1831, avait levé un instant sa tête sacrée, pour la laisser retomber
aussitôt sous le poids des déceptions; un autre plus éclatant à Saint-
Méry. A Gênes, à Turin, à Chambéry, quelques têtes de martyrs
ont roulé en emportant leur secret avec elles. Au cloître, quelques volées de mitraille ont enlevé le drapeau de la république,
et puis tout s'est tu. On dirait que le cœur des peuples a cessé de
battre.

Pourtant, depuis 1830 surtout, les stimulans n'ont pas manqué
à ces peuples qui s'endorment sous le fouet. Depuis la badine
plombée de l'assommeur élégant, jusqu'au coutelas du sergent de
ville, depuis les tortures à huis clos du cachot, jusqu'à la légalité
de l'exécution en place publique, rien ne leur a été épargné, et ce
tiers de siècle a vu des choses auxquelles nos enfans ne voudront
pas croire. On a caressé la conspiration et l'émeute seulement pour
fournir un prétexte aux boucheries gouvernementales; on a tué en
masse et en détail; ici le canon, là l'échafaud, puis, on s'est mis
à commenter Machiavel; on a semé la corruption; on a inoculé la
défiance; on a mis l'espionnage au sein des familles; on a armé
classe contre classe, homme contre homme; on a organisé l'im-
moralité et formulé l'égoïsme; comme au bon vieux temps, on a
vendu les places et acheté les consciences. Ce qu'il y avait
d'hommes tarés, d'hommes dont le nom seul est un programme
d'infamie et de vénalité, on est allé les chercher dans la foule,
pour les placer partout au sommet de la hiérarchie. Là où tuer
est hors d'habitude, on a mieux fait, on a avili, on a pris le peuple,
on l'a revêtu des insignes du pouvoir; on lui a mis, comme au
Christ, une couronne de papier sur la tête, et on lui a dit : Te voilà
roi; puis, comme le Christ, on l'a donné en spectacle aux nations;
on l'a remis, comme un jouet, aux mains de la diplomatie; on
a tout fait pour le dégrader; on lui a fait descendre, tout
entière, l'échelle des humiliations; on lui a fait renier, une à une,
ses antiques vertus et ses jeunes espérances, liberté, gloire, indépendance, hospitalité.

Tout cela s'est passé sous nos yeux, et tout cela a été patiem-
ment enduré. Le chameau a fléchi sous le poids; il n'a pas fait un
effort pour le secouer; tous ces faits, qui à en juger par l'attitude

des peuples en 1830, auraient dû produire une conflagration universelle, dominent aujourd'hui encore l'horizon européen, sans exciter d'autres réactions que celles de la presse ; je me trompe, la presse a subi elle-même une modification, et fournit aussi la preuve du fait général que nous signalons. Elle a changé de ton et d'allure ; elle grondait en annonçant l'orage ; elle marchait droit au but, menaçante et audacieuse ; aujourd'hui elle tâtonne et louvoye ; on entrevoit, à travers un calme affecté, le mécontentement dont elle ne peut se défendre. Dans cette halte européenne, dont peut-être elle n'a pas assez sondé les causes, elle a pris son parti : elle a abdiqué son rôle d'excitateur, et elle s'est rejetée sur le terrain de la spéculation ; elle fait la guerre des idées en attendant mieux. Les chefs, les porte-drapeaux, les hommes qui poussaient naguère au mouvement de toutes leurs forces, prêchent aujourd'hui la patience ; on ne fait rien que par les idées, disent-ils ; — c'est juste, mais les faits ne sont-ils pas aussi des idées matériellement exprimées ? et l'*action*, lorsqu'elle s'essaie à traduire un *principe*, n'est-elle pas aussi un enseignement dont le souvenir se grave en caractères ineffaçables dans le cœur des masses ? — Ils déploient toutes les ressources de je ne sais quelle tactique, sœur de la comédie de quinze ans, pour forcer le gouvernement à l'initiative de la lutte. Réussiront-ils ? Je ne le crois pas ; je me souviens qu'il y a deux ans, les mêmes hommes attendaient la guerre, comme aujourd'hui ils attendent les coups d'état.

La guerre, c'était alors le thème de tous les calculs, le sujet de toutes les espérances, le mot d'ordre que chaque matin la presse périodique livrait aux peuples impatiens ; elle était inévitable, elle avait son foyer partout. C'était l'intervention en Italie, le centième protocole en Belgique ; plus tard la diète allemande, la royauté grecque, la question portugaise ; et lorsque Grèce, Allemagne, Italie, tout s'affaissa sous le niveau de la diplomatie, ce fut le tour de l'Orient ! la guerre couvait sous le turban du pacha ; elle n'attendait qu'un *visa* moscovite pour nous arriver par Constantinople ; elle n'arriva pas : comment serait-elle arrivée, quand pas un roi n'ignorait que le premier coup de canon, en mettant hors de cause le système *pacifique* de la bourgeoisie, devait amener le *prolétaire* sur l'arène ? Bien décidés à ne pas jouer contre un seul coup de dé leur faible existence, ils ont amusé les peuples par des semblans belliqueux, comme on amusait les Parisiens au 14 juillet 89 par des billets et des cocardes ; et plus heureux que les prévôts des marchands, ils ont réussi. L'élan des peuples s'est amorti sous l'attente : la croyance en une guerre générale a tué l'insurrection générale, car les peuples se fatiguent à attendre; leur enthousiasme ne tient pas contre l'immobilité : il marche ou s'éteint; et tandis que tous se disaient : attendons, l'occasion va paraître, l'occasion fuyait devant eux. Pauvres déçus, qui ne voyaient pas que l'initiative était aux peuples, ou n'était à personne; qu'alors, comme aujourd'hui, chaque peuple, comme le héros du Tasse, portait la guerre et la paix dans le pan de sa robe, et qu'aujourd'hui, comme alors, le déchirer c'est l'œuvre de l'insurrection (1).

La guerre n'arriva pas; les coups d'état n'arriveront pas non plus; l'omnipotence royale et étrangère les exclut en Italie et en Allemagne, l'omnipotence parlementaire en France, l'omnipotence de l'individualisme en Suisse. Qu'a-t-on besoin de risquer le suicide par des coups d'état, lorsque tout réussit à souhait, lorsque toute usurpation trouve un pouvoir pour la ratifier, une classe riche et nombreuse pour la soutenir et une fraction patriote pour prêcher l'inaction par tactique ?

Depuis plus de trois ans, contre le peuple et la jeunesse éclairée, seuls agens des révolutions, le coup d'état est en permanence. Qu'a-t-il produit ? certes, on ne voudra pas soutenir qu'il existe par cela même une plus forte aptitude révolutionnaire en Europe. C'est que l'action engendre l'action; c'est que toute insurrection, lorsque c'est au nom d'un principe d'avenir qu'elle se fait, dépose en tombant dans le sol le germe d'une autre; c'est qu'au point où nous en sommes, on ne s'arrête pas sans rétrograder. — Lorsqu'un principe a été posé, il faut avoir le courage d'en subir une à une toutes les conséquences, sans se détourner un seul instant de la voie qu'on s'était tracée pour son développement. Tombez mille fois, relevez-vous mille fois; la liberté, comme le géant de la fable, puise à chaque chute de nouvelles forces : elle grandit sous l'orage, elle touche au ciel par le martyre. Ne reculez donc pas dans cette lutte, dans laquelle les revers enfantent la victoire, parce que vous avez été une, deux, trois fois défaits; car chaque triomphe coûte cher à vos ennemis : seulement vous comptez vos morts, ils enterrent les leurs; mais le soleil de demain vous montrera leurs rangs éclaircis. Enfans de

---

(1) On ne croit plus à la guerre en France; mais en Italie, en Allemagne, en Suisse, partout, il existe un parti qui oppose encore cette illusion aux vœux des hommes d'action. C'est le parti qui entrevoit la résurrection italienne, dans les traités de quadruples alliances, dans l'hypothèse d'une constitution napolitaine, dans des prétendues projets de confédérations italiennes par l'Autriche; c'est le parti qui rêve l'unité allemande dans les développemens du système prussien. (*Note de M. Mazzini.*)

l'avenir! votre cri d'action était beau; le dernier que vous avez proféré en tombant, qu'il erre aussi le premier sur vos lèvres en vous relevant. N'allez pas échanger votre franche et ardente parole contre le langage douteux du passé; profitez des instans du repos pour épurer les croyances, pour mûrir vos conceptions organiques, pour compléter de plus en plus la révélation du dogme futur : mais n'oubliez pas sur ce plateau des idées, qu'à ses pieds se traînent des races souffrantes; n'allumez pas en plein jour les feux du bivouac; ne leur criez pas d'attendre quand, pour les sauver de cet engourdissement qui menace de devenir contagieux, il n'y a plus d'autre cri que le cri de Bossuet : *marche, marche!* Il se peut que des chutes signalent encore cette marche précipitée; il se peut que, parmi tant de peuples épuisés par des siècles de torture, quelqu'un succombe aux premiers efforts. Qu'importe, dans l'humanité comme dans chaque peuple, Dieu n'a-t-il pas mis un berceau auprès de chaque tombe? or, tout ce qui naît, naît pour vous. Songez plutôt qu'il suffit d'une seule victoire, d'un seul peuple qui atteigne le sommet et déploie au vent ce drapeau de l'avenir, que tous invoquent, pour que tous soient sauvés.

D'ailleurs, et lors même que les rois voudraient engager, eux premiers, la dernière lutte en se lançant dans la voie ruineuse des coups d'état, c'est-à-dire de ces actes qui énoncent bien clairement l'intention de couper l'arbre à la racine, sommes-nous bien sûrs que la révolution qui sortirait de là, révolution toute réactionnaire, défensive, inspirée par une pensée de conservation plutôt que par une idée générale et dogmatique à promulguer, serait celle dont l'Europe a soif? Des révolutions pareilles brisent bien plus souvent une dynastie qu'elles n'enfantent un principe nouveau : et 1830 n'en est pas la première preuve. Il s'agit en ce moment de quelque chose de plus que de quelques garanties à conquérir. Il s'agit d'une manifestation sociale; il s'agit de dégager une des grandes *inconnues* du problème terrestre, d'introduire un nouveau terme dans la synthèse que les siècles déroulent, d'inaugurer sur le tombeau d'une époque le berceau d'une autre. Or ce n'est presque jamais un mouvement simplement réactionnaire qui peut accomplir une si vaste mission. Tout grand changement est empreint de spontanéité. Dieu seul sonne les heures du monde. Lorsque les temps sont mûrs, il inspire au peuple qui a le plus souffert et gardé sa foi intacte, la volonté et le courage de vaincre ou mourir pour tous; c'est le peuple *initiateur*. Il se lève et combat; soit qu'il triomphe ou qu'il meure, de sa cendre ou de son trophée de victoire, se dégage le mot de l'époque, et le monde est sauvé.

Il vaut donc mieux dans cet état de choses, au lieu de désespérer et de s'en aller criant partout dans le monde : honte et malheur aux peuples ; au lieu de vouloir tourner la difficulté, en abdiquant l'initiative européenne et en changeant la guerre d'offensive en défensive ; il vaut mieux, dis-je, constater d'abord, sans crainte d'affaiblir ceux que rien ne doit affaiblir, cet état d'engourdissement, d'atonie, d'immobilité générale, qui s'est peu à peu substituée au mouvement accéléré des peuples ; ensuite remonter à la source du mal, poser franchement le doigt sur la plaie et chercher à la guérir. Nous avons constaté le fait.

Cherchons maintenant la cause. Tâchons de comprendre comment il se fait que nous, enfans du XIXe siècle, plus avancés que nos pères du XVIIIe dans toutes les branches de la connaissance humaine, et possédant pour tous les problèmes sociaux des solutions ou des lueurs de solutions plus larges, plus explicites, plus organiques, plus profondément philosophiques ; nous, doués d'une puissance de dévouement qui ne connait pas de bornes, et ayant souffert bien plus qu'eux de cette douleur morale, qui est le baptême de toute grande initiation séculaire, nous nous trouvions cependant leurs inférieurs en force et en puissance d'action ; nous nous traînions froissés, meurtris, ensanglantés de luttes en luttes, sans avancer, sans avoir pu, depuis vingt ans que nous combattons sans relâche, faire justice de ces restes du passé qui nous encombrent la voie, tandis qu'eux, nos pères, ont pu, dans un court espace de temps, saper des croyances, miner des trônes, s'incarner en un peuple, livrer bataille, vaincre et asseoir sur les ruines d'un monde *l'individualité* humaine triomphante, sous son drapeau de liberté, d'égalité, de fraternité.

À part l'immensité de la tâche que nous avons à remplir, tâche mille fois plus vaste que ne l'était celle du XVIIIe siècle ; à part le manque d'ensemble et d'organisation, remarquable surtout parmi les intelligences les premières à reconnaître l'importance de l'association, les dernières à la réaliser ; à part une foule d'autres causes secondaires, ou spéciales à chaque pays, dont l'examen ne serait pas ici à sa place, il en est une générale, décisive, toute puissante dans ses effets, qu'il est urgent de combattre, et qui n'a pas été signalée jusqu'à ce moment.

C'est qu'en Europe *l'initiative* est perdue, et qu'au lieu de travailler chacun pour sa part à la reconquérir, on s'efforce de se persuader qu'elle existe encore.

C'est que depuis 1814, il y a un vide en Europe, et qu'au lieu de chercher à le combler, on le nie.

C'est que depuis 1814, il n'y a plus de peuples *initiateurs*, et qu'on persiste à le voir dans la France.

C'est qu'à la veille d'une époque nouvelle, et tout en en devinant le principe, on ne s'est pas rendu compte des conséquences qu'entraîne la croyance en elle, ni des devoirs qu'elle impose à chaque peuple qui veut en jouir. Là, selon nous, est le siège du mal qui nous ronge. Dans cette grande mêlée de classes qui se sentent à l'étroit, de races qui voudraient paraître au grand jour, et de pouvoirs rétrogrades qui se cramponnent à la mort, parce que la vie les fuit, et ne pouvant faire croire, tuent, nous avons pris le drapeau de l'époque qui va s'éteindre pour celui qui doit rallier les tribus éparses au seuil d'une époque nouvelle, les solutions du passé pour des conquêtes d'avenir, les derniers reflets d'un soleil qui a fourni sa carrière et va éclairer d'autres mondes, pour les lueurs de l'aube naissante. Demandez à tous ces hommes qui signalent le travail souterrain, ce *quelque chose qui se remue dans le monde*, où va cette foule qui marche, revient, s'arrête, et qui marche encore. Demandez à tous ces peuples qu'un instinct travaille et qui frappent de leur tête la pierre de leurs tombeaux, quel est leur espoir, quelle parole leur a murmurée l'ange de la seconde vie. Au milieu des signes palingénésiques qui peuplent la terre et le ciel; devant ces clartés d'avenir qui rayonnent en tout sens, véritable prophétie d'une nouvelle synthèse, la voix des milliers vous répondra : Nous marchons à la liberté ; nous cherchons l'égalité et la fraternité qu'on nous a promises. Liberté, égalité, ce sont de belles et saintes paroles ; mais comment conquérir ces deux termes à la vie réelle des peuples ? comment les faire passer dans le domaine de l'application et les incarner au sein des sociétés européennes ? car là, là seulement est la question, car les croyances sont faites, car le principe, en tant que principe, règne à cette heure en maître. La liberté, c'est la Grèce, c'est Rome ; l'égalité, c'est le christianisme. Rome et la Grèce, il est vrai, n'ont réalisé la liberté que sur l'échelle de la minorité ; mais enfin comme conception, elle est sortie parfaite de leurs mains : elle nous est acquise depuis ce temps-là, à nous, enfans du monde dont la Grèce a recueilli le germe tombé du Caucase. Et depuis le Christ, depuis que du haut de sa croix il a jeté à tous les hommes le verbe de l'égalité, un moine de Wittemberg n'a-t-il pas formulé son application aux intelligences ? et plus de deux siècles après, un concile appelé Convention n'est-il pas venu résumer le travail des siècles, l'œuvre de la Grèce, de Rome et du Christ, en prononçant solennellement, à la face et aux applaudissemens du monde, *l'émancipation?* Depuis la déclaration des droits, la liberté et l'égalité comptent dans les élémens de la nature humaine. Encore une fois les croyances sont faites : elles le sont depuis long-temps, elles le sont partout; seulement, vous le savez, elles attendent le signal pour se révéler; elles attendent que la force vienne aux peuples pour s'inscrire sur leurs drapeaux et marcher en avant à d'autres conquêtes, à la recherche d'autres idées, car, déja d'autres idées, d'autres révélations attendent l'humanité; déjà se manifeste au loin un but vaste et nouveau, pour lequel la liberté et l'égalité ne seront que des moyens nécessaires, des conditions requises. Il faut donc agir et non discuter; il faut conquérir son expression matérielle à ce qui est notre droit bien reconnu, bien incontestable; il faut réaliser la pensée de Dieu sur la terre. Or, jamais on ne réalise dans toutes ses applications le terme conquis par une époque en s'y tenant renfermé; ce n'est qu'en se plaçant au point de vue de l'époque qui suit, en proposant comme but à l'activité humaine le nouveau terme du progrès qu'elle doit développer, que l'on parvient à la réalisation de celui qui a fait la vie de l'époque immédiatement antérieure. Ainsi la *liberté* ne peut se réaliser que par l'*égalité*; ainsi l'égalité ne peut être conquise que par l'époque *sociale*, c'est-à-dire par l'association de tous vers un but commun défini. Sans cela, sans cette condition de la loi qui pousse les générations, et fait du besoin de réaliser un but actuel, l'instrument même de la découverte, le progrès serait brisé dans sa continuité, et dès que, découverte, développemens, réalisation, application d'un terme donné, les hommes auraient tout conquis dans une époque, ils ne se hâteraient peut-être pas de la dépasser.

Il fallait donc aborder franchement la question, se placer au point de vue européen, entraîner les peuples sur un terrain vierge, les placer en face de leur mission, la leur dévoiler tout entière, avec ses devoirs et ses conséquences, puis leur dire : Maintenant, à l'œuvre! la tâche est là; le travail de tous peut seul l'accomplir, mais chacun de vous peut commencer, et le premier d'entre vous qui donnera le signal du travail commun, celui-là sera le peuple *initiateur* de l'époque, et ses frères le salueront entre tous d'un nom de gloire et d'amour!

Il fallait proclamer hautement et à chaque heure du jour, qu'une époque a fini, qu'une époque commence, que le passé doit fournir le point de départ, mais seulement pour que les générations puissent s'élancer dans la fraternité des égaux, vers les terres inconnues de l'humanité, terres incultes, que les intelligences ont partout entrevues, que l'instinct des masses poursuit, mais que nul peuple n'a encore, jusqu'à ce moment, défrichées.

Il fallait se convaincre et convaincre les peuples que la première grande époque du monde européen, qui s'étend depuis les premiers temps de la Grèce jusqu'au commencement du XIXe siècle, a eu pour mission de développer l'*individu* sur toutes ses faces, la personnalité humaine avec toutes ses conséquences; que son programme était DIEU et l'HOMME, et qu'elle l'a rempli.

« Il fallait leur dire que la France, après avoir à elle seule, et la première parmi les nations modernes, rempli sa mission intérieure en fondant sa nationalité et sa force sur son unité; après avoir rempli une partie de sa mission extérieure, en appuyant de son bras de géant, et pendant quelques siècles, l'église dans son travail catholique, a su l'accomplir tout entière par sa révolution de 1789, en formulant dans la déclaration des droits les résultats de l'époque chrétienne, en plaçant hors de toute atteinte et érigeant en dogme politique la *liberté* conquise à l'état d'idée par le monde grec et romain, l'*égalité* conquise par le monde chrétien, et la *fraternité,* qui est la conséquence immédiate de ces deux termes, mais qu'il ne faut pas confondre avec l'association, dont elle n'est pour ainsi dire que la matière première.

» Il fallait enfin leur dire que l'époque *individuelle* ayant atteint sa plus haute expression, ayant reçu son application théorique à toutes les branches de la connaissance humaine, s'étant formulée dans la religion comme dans la philosophie, dans la morale comme dans la politique, en économie comme en littérature, un autre soleil commence à poindre, un autre but à se révéler; que l'*époque sociale* est désormais ce but; DIEU et l'HUMANITÉ, son programme: que la nouvelle synthèse doit rayonner sur toutes choses, tout rajeunir, tout embrasser dans sa vaste équation; que là, vers ce but inexploré, et non pas en arrière, doivent se porter les regards des peuples; qu'en eux-mêmes, et non dans un travail qui résume l'œuvre accomplie, ils doivent chercher la solution du problème; qu'ils ont tous, non seulement le droit, mais le devoir, le besoin, la mission de se dévouer à cette recherche, et que le premier qui aura trouvé la solution attendue devra se hâter, sûr d'être suivi par tous, de la formuler pour tous, non seulement par ses conceptions, mais bien par ses œuvres.

De là, une foule de conséquences.

De ce que l'*humanité* est l'âme, la pensée, le verbe de la nouvelle époque, nécessité d'organiser l'instrument d'une manière

conforme au but que l'on veut atteindre : association, association
de tous, association d'égaux, puisqu'il n'y a d'association possible
qu'entre libres, ni de liberté possible qu'entre égaux ; égalité des
peuples, réhabilitation, capacité d'initiative, solidarité pour tous.

De ce que la révolution française doit être considérée moins
comme un programme que comme un résumé, moins comme
l'initiation d'une époque qui commence que comme la dernière
formule d'une époque qui s'achève (1), le point de départ changé
aux travaux des intelligences, l'édifice politique à refaire en entier, l'introduction d'un élément nouveau dans la vie des peuples
constatée, une carrière vierge à parcourir, l'école des *devoirs*
substituée à celle des *droits*, la *mission* à la *réaction*, l'*humanité*
à l'*homme*, et par dessus tout la destruction de ce préjugé hon-
teux pour ceux qui l'énoncent, fatal pour ceux qui l'acceptent,
qui veut qu'à la France seule appartienne l'initiation de la lutte
européenne, qui fixe à Paris le point d'appui du levier révolutionnaire et ajourne indéfiniment le réveil des peuples, parce
qu'en 89 les patriotes de Paris ont pris la Bastille et broyé les
obstacles qui se trouvaient entre eux et la liberté.

C'était là une belle mission pour la presse, pour la presse française surtout, à laquelle les services constamment rendus à la
cause des libertés européennes ont acquis le droit de dire la vérité.

(1) En insistant sur cette pensée, que la révolution française a livré le dernier
mot, le testament de l'époque dont Napoléon a dressé l'acte de décès à Sainte-
Hélène, plutôt que le premier de celle qui s'annonce, dois-je craindre de réveiller des susceptibilités nationales depuis long-temps éteintes ? Non ! l'opinion que
j'énonce, déduction légitime au reste des doctrines historiques professées aujour-
d'hui par les principales écoles françaises, n'a rien qui puisse blesser l'amour-
propre national. La révolution française, produit éclatant, compte décisif, solen-
nel, dans l'ordre matériel du travail moral des trois siècles, xvie, xviie, xviiie, n'en
reste pas moins, pour n'avoir fait que constater l'*émancipation individuelle*, le plus
grand évènement, la plus grande manifestation du monde moderne.

Elle a fait passer dans les rangs des vérités acquises, ce qui jusque-là, n'avait
été regardé que comme sujet de luttes ; elle a proclamé et assuré le triomphe
d'un des termes qui composent la grande progression humanitaire ; elle a préparé
l'instrument qui doit conquérir le terme successif. L'a-t-elle organisé ? l'a-t-elle
mis en mouvement ? s'est-elle en un mot emparée de sa mise en œuvre ? Je ne le
crois pas : le principe *social* n'a pas présidé à la marche générale de la révolution
française et aux actes qui la caractérisent. Si par quelques hommes ou par quelques actes isolés, dont au reste le développement même a prouvé qu'on n'avait
pas conscience du principe qui les engendrait, elle a projeté quelquefois des lueurs
sur l'époque *sociale*, c'est que toute grande révolution, toute époque, toute synthèse couve en germe le principe de la révolution, de l'époque, de la synthèse

aux peuples ; et si la couardise et la vanité ne s'étaient pas trop souvent donné la main pour revêtir de sophismes spécieux cette fausse croyance qui a fait de la liberté un bienfait, tandis qu'elle ne peut être que le prix de vos souffrances, de votre or et de votre sang ; si dans tout ce laps de vingt ans, qui n'a eu d'autre puissance initiative que la presse, ce langage eût vibré partout sur la bouche de tous les hommes que les circonstances ou leur courage ont placés à l'avant-garde des nations ; l'ame des peuples s'en serait retrempée, ils auraient grandi avec leur mission, et nous n'en serions pas à nous demander pourquoi les peuples se tordent dans une espèce d'impuissance imprévue, et vouent leurs forces au martyre plutôt qu'à la lutte énergique et féconde du champ de bataille.

Au lieu de cela qu'a-t-on fait ? D'un côté et d'après la conviction que dans ces seuls mots, *liberté*, *égalité*, prononcés par la France de 89, était contenu le secret de l'époque, on a cru que l'initiative du mouvement européen était réservée exclusivement à la France, et on lui a décerné l'honneur de donner le signal : aux peuples on leur a vulgarisé cette idée, tantôt sous le nom de non-intervention, tantôt sous celui d'alliance anglo-française ou quadruple ; un jour sous la forme d'une insurrection à Paris ; un autre dans les signatures du compte-rendu, et dans le ministère Barrot, qui devait en être la suite : on la leur a montrée habillée

à venir ; mais la révolution de 89 n'a jamais dépassé dans ses plus grands résultats la théorie des droits, la charte de l'*individu* ; celle-là elle l'a exhumée tout entière. Dès lors, sa mission, celle du moins qu'elle s'était posée, est accomplie, l'*initiative* a cessé : la nation s'est constamment tenue sur la défensive. Aussi tout ce qui se passe depuis ce temps-là, tout ce laps qu'on s'est habitué un peu trop légèrement peut-être à regarder comme une halte, comme un état d'exception, n'est pour nous qu'une conséquence (fausse, incomplète, si l'on veut) du principe qui domine encore la nation, et c'est ce que sentait profondément Saint-Simon, lorsqu'il voulait par ses travaux *rendre l'initiative à la France.*

Or, ce principe n'est pas celui qui doit présider au développement de la conception humanitaire qui travaille notre siècle. La charte des *droits* n'est pas la charte de l'avenir. L'avenir est au peuple, quel qu'il soit, qui le premier, en se levant pour tous, inscrira sur sa bannière ce mot sacré *humanité* et formulera en tête du code national la déclaration des *principes.* C'est ce que n'a fait ni la révolution de 1830, réaction nationale contre ceux qui voulaient ravir sa conquête à la France. ni aucune autre révolution. Le champ est ouvert ; la France, avec les avantages de sa position et avec le plus large développement de civilisation universelle qui existe en Europe, a bien des chances pour s'en emparer. C'est alors que l'initiative européenne lui appartiendra encore. Jusque-là elle n'est à personne. (*Note de M. Mazzini.*)

en soldat, en vedette aux Alpes et sur le Rhin, puis affublée d'une robe de protocoles à Bruxelles, à Londres, à Paris; et lorsque les peuples, brûlant d'en venir aux mains, ne demandaient que des chefs et un mot d'ordre, on leur a dit : attendez! on a refoulé leur élan, on leur a dénié leur mission, on les a rejetés dans la boue; on leur a tant dit aux millions d'hommes qu'ils étaient faibles, qu'ils ont fini par le croire. De l'autre côté, l'honneur a été accepté. A part quelques exceptions, que nous n'oublions pas sans doute, la presse en France, il faut bien le dire, n'a pas peu contribué à enraciner l'erreur funeste que nous combattons. Les uns, dans leur fougue bouillante, ont dit aux peuples : Nous voilà aux jours de la Convention : levez-vous tous! la France est là. Des peuples se sont levés en criant *France !* la France n'a pas répondu ; car ses ministres l'avaient bâillonnée. D'autres, les plus nombreux (1), apôtres d'une doctrine sans nom, ont flétri par leur fausse et insolente pitié la conscience des peuples : ils les ont catéchisés, comme des enfans en tutelle ; ils leur ont démontré, tout en pleurant sur eux, qu'ils n'étaient pas mûrs pour la liberté, moins encore pour l'insurrection ; peut-être auraient-ils pu, moyennant une charte octroyée, enduire d'une couche de cette corruption qu'on appelle constitutionalisme, la couche de servitude qui pèse sur leur tête souffrante ; mais au fond mieux valait pour les peuples se résigner et attendre la France, qui n'avait besoin, disaient-ils, que de mûrir en repos les conceptions de 1830, pour assurer, par sa diplomatie et par l'influence de sa civilisation, la régénération graduelle des peuples qui l'entourent. Alors en Angleterre, en Suisse, en France, un parti s'est formé ; un parti dont la conduite, incertaine et de plus en plus inexplicable, use l'élan populaire dans les marches et contre-marches d'une stratégie compliquée, d'une opposition légale, que le peuple ne comprend pas, et dans laquelle toutes les chances sont contre lui, sans que de son bras enchaîné il puisse les contrebalancer ; un parti qui fait du forum une enceinte de parlement constitutionnel ; des masses, un corps électoral constitutionnel ; de la sainte bataille qui doit enfanter les destinées de l'humanité, une lutte bâtarde, mesquine, infructueuse, telles que celles qui peuplent d'intrigues une ville pour enfanter un député constitutionnel : un parti qui prétend qu'il fera les affaires du peuple, à condition que le peuple lui-même ne s'en mêle pas ; un parti qui prêche l'inaction, triomphe toutes les fois qu'après une grande et criante iniquité du pouvoir, il peut dire : le

____

(1) Journaux ministériels, et indéfinis *passim.* (*Note de M. Mazzini.*)

peuple a été calme ; se tient enfermé quand la colère du peuple gronde au dehors ; puis lorsque le peuple isolé, sans direction, abandonné par ceux-là même dont il avait cru, en se levant, suivre les inspirations, laisse échapper sa victoire, et retombe, reparaît, en disant qu'il l'avait prévu. Or tandis que ce parti, influent par ses lumières et par ses antécédens, glace, involontairement sans doute, le cœur des masses, neutralise les hommes d'action et substitue je ne sais quelle force des choses, divinité voilée, espèce de hasard, à la spontanéité humaine, à l'impulsion continue des générations, d'autres intelligences fortes et puissantes, oubliant que la pensée sans l'action est une ame sans corps, oubliant qu'au siècle où nous sommes, celui qui veut accomplir toute sa mission sur la terre, doit semer la pensée d'une main et la réaliser de l'autre, quittent de plus en plus la sphère de l'actualité, s'éloignent des masses, et s'isolent dans leurs recherches. Ne savent-ils pas que le secret de l'époque est au peuple, que c'est là, dans son sein, qu'il faut le chercher ; que, comme la loi du Sinaï, il ne paraîtra qu'à travers l'orage ; qu'alors seulement il sera formulé, lorsqu'un peuple, le peuple révélateur, le peuple Christ, se sera posé par l'insurrection à la face du monde, grand, libre, associé en une seule pensée, en un seul amour, n'ayant d'autres maîtres que Dieu au ciel et l'humanité sur la terre ? Non ! égarés par ce grand souvenir de la révolution, qui domine, à leur insu même, toutes leurs pensées d'avenir ; ils croient que le premier mot de l'époque ayant été dit, la crise d'enfantement a eu lieu et que les travaux intellectuels, seuls peuvent suffire au développement et au triomphe des conséquences. Aussi voyez ! ne dirait-on pas, à voir de près leurs systèmes, qu'ils craignent plutôt que le passé ne leur échappe, que de ne pas déchirer assez vite les voiles de l'avenir ; n'est-ce pas à la poussière des morts qu'ils demandent presque tous, ces novateurs, le secret de la vie ? N'est-ce pas la formule des *droits*, qui préside à leurs conceptions politiques ? Ne l'ont-ils pas inscrite sur leur bannière d'association ? N'ont-ils pas appelé *droit* l'association même, cette *loi* sainte et éternelle, seul instrument des progrès, seul missionnaire de l'humanité ? N'ont-ils pas fait, de la réaction, le principe révolutionnaire du xixᵉ siècle ; de la défiance, la base d'organisation des gouvernemens à venir (1) ? N'a-t-on pas vu tour-à-tour, dans ces vieux systèmes, rhabillés à neuf, la liberté écrasée au profit de l'égalité,

(1) Voyez la réfutation de cette fausse idée qui veut organiser l'avenir du point de vue de la transition, dans un excellent article de M. Vandewynckel, inséré dans la *Revue Républicaine*, 7º livraison . . . : (*Note de M. Mazzini.*)

l'égalité anéantie par la liberté, par la personnalité humaine, le progrès supprimé, renfermé, étouffé dans un cercle, au nom du progrès lui-même? Est-ce dans l'enquête commerciale seulement qu'on a vu se poser hardiment, en 1834, le système de l'homme qui ne voyait, pour tout droit international entre la France et l'Europe, que guerre et conquête? Est-ce là seulement que s'est révélée l'existence de cette vieille rancune entre la France et l'Angleterre, qui n'a plus de sens depuis Huskisson, et depuis que le *peuple* anglais a paru, lui aussi, sur l'arène? Non; seulement les fabricans, classe exploitante, qui ne se soucie pas des formes, l'ont exprimée dans toute sa nudité scandaleuse; mais c'est ailleurs, dans un journal patriote, que percent aussi ces souvenirs du passé, ces hostilités qui prêtent des armes au torysme, pour combattre l'instinct nouveau qui mine la vieille Angleterre; c'est là, dans des articles rédigés avec un talent supérieur, que s'épanche, dans presque toutes les questions internationales, un levain de l'empire; c'est là que la pensée napoléonienne, cette pensée qui voulait organiser la force en France et la faiblesse partout ailleurs, se trahit dans des plans de fédération Basque, qui ne ferait qu'affaiblir la Péninsule, aujourd'hui en travail d'unité; se révèle dans de continuelles allusions à la Savoie, que sa position et ses mœurs appellent à faire partie d'un système, tracé d'avance par la main de Dieu sur les Alpes; se montre à nu dans cet ukase, lancé au nom de la sûreté de la France, contre l'unité germanique, comme si la pensée haineuse qui domine l'Europe des rois ne devait pas s'éteindre avec elle; comme si, à cette heure, la France, fille aînée de la civilisation, n'était pas sacrée pour la jeune Europe des peuples; comme si le noble cœur de la France ne battait pas d'amour à toute grande conception civilisatrice, qui s'élève du sein des ruines (1). Et n'est-ce qu'au défunt éclectisme qu'appartient l'idée de réunir les lambeaux de la toge déchirée du vieux monde, pour en tresser la robe de fiancée à la jeune humanité? Non; seulement l'éclectisme, dans sa naïve crédulité, s'en est glorifié à la

______

(1) Il n'est pas besoin de faire remarquer que ce n'est ici qu'une conséquence du faux point de vue qui, selon nous, domine encore la théorie politique en France, et ailleurs, que nous signalons. Peut-être tiendrions-nous, et avec bien plus de raison, le même langage à l'égard des peuples, si les croyances humanitaires et la foi en une nouvelle époque n'eussent pas modifié, tout en les retrempant, nos sentimens de nationalité. A part cela, nous n'avons pas assez d'éloges à donner à la rédaction progressive du *National*, à sa constance dans la lutte qu'il soutient depuis quelque temps corps à corps avec la royauté de juillet. (*Note de M. Mazzini.*

face du monde; et l'instinct du monde l'a tué. Mais la pensée de la restauration, pensée dont la dernière racine est moins éloignée qu'on ne le croit de celle qui a présidé à la révolution, pensée qui ne crée ni n'efface, qui reconnaît par-dessus tout l'individualité, qui cherche une case à toute existence, qui croit que rien ne meurt sur la terre, ne revit-elle pas dans toutes ces tentatives de réhabilitation qui envahissent le champ de la philosophie progressive? ne souffle-t-elle pas, à travers ces essais de transformation qui s'efforcent d'élever la foi *individuelle* à la hauteur de la pensée *sociale*, en dépit de l'unité que réclame la nouvelle synthèse? Ceux-là mêmes qui ont entrevu que la révolution française pourrait bien avoir été moins un programme qu'un grand résultat, poursuivis par l'idée que l'initiative de la nouvelle époque doit se trouver quelque part toute faite, ne méconnaissent-ils pas, à l'heure qu'il est, le caractère sacré de l'*insurrection*, éclair de Dieu sur les masses, incarnation de l'esprit universel dans un peuple, véritable source d'initiative, pour aller exhumer de la cendre des siècles, je ne sais quelle puissance éteinte, solitaire, isolée? Et lorsque, pour attribuer une initiative douteuse au pouvoir, ils en appellent au passé, n'oublient-ils pas que, par cela même que le verbe *humain* devait avoir l'*individu* pour organe révélateur, le verbe *humanitaire* ne peut en avoir d'autre qu'un *peuple*? N'oublient-ils pas, en un mot, qu'une époque a fini, qu'une autre commence? (1)

Ainsi, soit que nous nous placions au point de vue politique, soit

(1) Il existe un recueil dans lequel, profondeur, netteté, savoir, logique, s'allient à une foi pure et fervente dans ces destinées de l'humanité, et à une conscience de l'avenir, et qu'on ne rencontre que fort rarement ailleurs; c'est la *Revue encyclopédique*, dont un instinct éminemment progressif et une intelligence remarquable de l'époque, font une publication d'une haute portée *sociale*. Aussi est-elle moins généralement appréciée qu'elle ne devrait l'être à cette heure, et cependant la conception générale, base de toutes les constructions à venir, ne sera-t-elle pas entravée plus tard dans sa marche par une trop large part faite à la tradition? Là aussi le préjugé national, qui vise à constater plutôt qu'à conquérir l'initiative, n'influe-t-il pas à leur insu sur ces écrivains, dans leur appréciation des travaux au xviiie siècle et du lien qui les noue à ceux qui se préparent? Certes, les travaux antérieurs au xixe siècle ont eu, sinon pour but, ce qui implique conscience, au moins pour résultat de constater la puissance *successive* et *collective* du genre humain, collective en ce sens, que c'est par l'héritage successivement recueilli des travaux individuels, des connaissances individuellement acquises, que l'on atteint le développement des termes du progrès. Mais est-ce bien là l'*humanité*, l'humanité telle que l'entrevoit le xixe siècle, élément nouveau, puissance nouvelle, qu'enfante la foi commune en une loi commune, en un but commun? Parce que la manifestation des temps, ne peut avoir lieu qu'en

que nous signalions les effets de l'erreur qui nous occupe, sur la direction actuelle des travaux philosophiques, par rapport à la France comme par rapport aux peuples qui l'entourent, nous voyons en découler engourdissement et inertie. D'une part, nous avons des révolutions avortées, pour avoir placé leur salut ailleurs que dans le pays; des nationalités qui ne demandent qu'à se connaître elles-mêmes pour accomplir une haute mission dans le monde, étouffées par l'influence d'une nationalité étrangère; des masses dont le moindre mouvement pourrait ébranler l'Europe, végétant tristement sous le poids d'une condamnation qui les flétrit, sans élan, sans foi, sans cet enthousiasme qui, seul, enfante les grandes choses. De l'autre, nous avons des intelligences vastes et fortes, que l'humanité réclame, occupées à polir la chaîne qui les fixe au trône que le passé leur a fait, une jeunesse bouillante à escalader l'avenir, dévouée parfois jusqu'au prodige, se débattant dans un cercle fatal, usant des forces de géant dans un travail de plagiaire; un peuple qui, après avoir détruit un monde en trois jours, s'était levé pour en créer un autre, retombant peu à peu, depuis qu'on lui a dit qu'il ne doit pas substituer sa force à la force des choses.

Il est temps que cet état cesse; repoussant les illusions dont se bercent les hommes qui attendent, les bras croisés, que le progrès leur arrive: flétrissant le langage funeste de ces révolutionnaires diplomates, qui aujourd'hui, après avoir fait de la France le bouc émissaire de leurs fautes et de leur faiblesse, écoutent aux portes, pour voir s'il ne tombera pas de quelque bouche

ordre, et successivement, le point de vue des travaux ne subira-t-il pas, à chacune de ces manifestations, un changement complet, général, décisif ? De ce que les *inconnues* du problème ne se dégagent qu'une à une, s'ensuivra-t-il qu'à chaque *inconnue* dégagée, il n'y ait pas accomplissement d'une époque, et par suite commencement d'une autre ? Or l'*individualité* a-t-elle eu son époque ? cette époque a-t-elle reçu son accomplissement ? en d'autres termes, a-t-elle développé son principe, jusqu'à sa plus large expression, jusqu'à sa plus haute puissance, dans toutes les branches de l'activité humaine ? si elle l'a fait, n'est-ce pas au xviiiᵉ siècle ? n'est-ce pas par la révolution française ? n'est-ce pas en érigeant en dogmes, en certitude, en croyance universelle, la liberté et l'égalité, contestées jusqu'alors ? Dès-lors sa mission n'a-t-elle pas été accomplie ? et lorsque nous, enfans du xixᵉ siècle, pressentons un nouveau terme, un nouveau but, posé aux générations, lorsque nous invoquons de toutes nos forces la révélation qui nous manque, et qui doit nous montrer la voie par laquelle ce but peut être atteint, en quoi sommes-nous soumis au xviiiᵉ siècle ? et où serait, par rapport au terme que nous voudrions élaborer, son initiative ? Sommes-nous de simples continuateurs du xviiiᵉ siècle ? ou bien ne cherchons pas à ajouter un terme à ceux qu'il a placés hors de toute atteinte ? (*Note de M. Mazzini.*)

ministérielle un mot d'espérance pour leur patrie, il est temps
qu'une voix s'élève pour dire au peuple :

Debout ! n'entendez-vous pas sous la terre un craquement,
comme d'un navire que laboure la tempête, un bruit sourd, un
bruit de ruine, un bruit comme de quelque chose qui ronge ? C'est
la vieille Europe qui s'écroule ; c'est une époque qui s'en va ; c'est
le temps qui ronge sa proie. Et n'entendez-vous pas sur la terre
un frémissement inconnu, un murmure comme de quelque chose
qui fermente, un souffle mystérieux qui émeut et passe comme
la brise sur la mer, comme le vent à travers la forêt ; quand l'aube
a paru et le soleil va paraître ; c'est la jeune Europe qui s'élève ;
c'est une époque qui naît ; c'est le souffle de Dieu sur ces peuples
pour leur annoncer le soleil levant de l'humanité. Enfans de Dieu
et de l'humanité, levez-vous et marchez ! car l'heure a sonné ; car
maintenant vous êtes libres ; car l'égalité qui vous attendait dans
le ciel plane sur votre tête, et au-dessus de la réhabilitation individuelle s'élève la réhabilitation sociale : sachez l'accomplir, sachez
vous élever à la hauteur de votre mission. Ne doutez pas du succès ;
ne dites pas : Nous sommes faibles. Quand Dieu donne une mission, il donne aussi la force pour l'accomplir. Or une mission nous
a été donnée à tous : vous êtes sacrés pour elle, égaux et frères
par elle. Rayons de l'humanité, vous partez de la même circon-
férence, vous convergez tous vers le même centre. Marchez donc
tous ; marchez par votre volonté ; marchez par la force qui est en
vous-mêmes. La liberté de tous ne peut être conquise que par
tous. Sans cette participation commune à l'œuvre commune, où
serait votre mission ? et quel sera votre titre pour être admis dans
la grande fédération des peuples qui se prépare, pour compter
dans le concile de l'humanité ? L'unité européenne, telle que le
passé vous l'a fait concevoir, est dissoute : elle dort avec Napoléon
dans son tombeau. La mer gronde autour sans la réveiller ; l'unité
européenne, telle qu'elle peut maintenant exister, ne réside plus
dans un peuple, elle réside et gouverne au-dessus de tous. Là
haut, dans la loi de l'humanité qui rayonne sur tous, et que tous
réflétent, ni homme-roi ni peuple-roi : voilà le secret de l'époque
qui attend son initiateur. Qu'il paraisse ; que celui d'entre vous
qui a le plus souffert, ou qui a le plus travaillé, s'avance : son cri
sera entendu de l'Europe entière, et la palme qu'il aura cueillie
grandira dans sa main et ombragera l'univers.

Et il est temps qu'en France, les hommes qui se sentent dignes
de se poser prêtres de l'avenir, se lèvent, s'associent, et disent à
ce peuple qui a étonné le monde, à cette jeunesse qui l'étonnera
un jour :

L'initiative n'est pas derrière vous, elle est devant vous; elle n'est plus dans cette théorie des *droits*, formule d'émancipation individuelle que vos pères nous ont conquise en fermant une époque; elle n'est plus dans ces mots : *liberté, égalité*, traduction des deux aspects subjectif et objectif de la personnalité humaine, vie propre et de relation; elle n'est plus dans cette *fraternité*, fille de l'égalité, religion individuelle, qui exprime un fait plutôt qu'elle ne définit un but; qui *unit*, mais n'*associe* pas, qui relie deux termes, mais ne dirige pas leur activité collective vers la conquête d'un troisième; qui sanctifie le présent, mais ne crée pas l'avenir. Elle est tout entière dans l'*humanité*, conception nouvelle, véritable programme que vos pères n'ont pas aperçu : dans l'humanité, dont le progrès n'est que la méthode, comme l'association est elle-même la méthode du progrès; là est l'avenir, là est la religion. Ne vous endormez donc pas sous la tente que vos pères vous ont dressée; le monde a marché; marchez avec le monde; ne regrettez pas les jouissances d'un pouvoir solitaire, les gloires d'un passé qui n'est plus; n'appelez pas ingrates ces races qui désertent votre drapeau de 89, parce qu'elles ont vu flotter au loin celui de l'humanité, mère commune. N'est-ce pas vous qui avez préparé l'émancipation qu'elles poursuivent? n'est-ce pas vous qui les avez placées sur le seuil que maintenant elles veulent franchir; franchissez-le avec elles. Vous avez accompli une belle mission, une autre vous attend : vous avez fait de grandes choses dans l'ancien monde, vous en ferez dans celui qui vous ouvre ses portes. La force est là; elle ne cherche pas à étayer la souveraineté du passé : elle marche à la conquête de l'avenir.

Le progrès actuel pour les peuples est de s'émanciper de la France.

Le progrès actuel pour la France est de s'émanciper du xviiie siècle et de sa révolution.

S'émanciper de la France, c'est-à-dire, (car, encore une fois, je ne voudrais pas que ma pensée fût mal comprise,) non pas *réagir* contre elle, ce qui serait le comble de l'absurdité; non pas oublier ce qu'elle a fait pour le monde; non pas repousser, comme le voudraient en Italie quelques intelligences qui en sont encore au moyen-âge, tout ce qui nous vient d'elle; non pas étendre, comme on est peut-être enclin à le faire en Allemagne, une défiance qu'excitent les velléités de l'empire, caressées par quelques journaux, mais repoussées par la jeunesse française, qui possède éminemment l'instinct de l'époque; mais *agir* avec la France, et même sans elle, si des circonstances imprévues pouvaient retarder sa

marche ; se convaincre que, comme à la veille de toutes les grandes
époques, la puissance d'initiative s'est déplacée ; qu'elle est partout et
n'appartient qu'à la foi et à l'action ; puiser dans la mission même et
dans la nationalité qu'elle constitue, les forces nécessaires à son
accomplissement ; se retremper au sentiment de cette égalité, qui
est le droit des peuples aussi bien que des individus ; étudier la
France, mais sans renier toute spontanéité, toute indépendance ;
rendre hommage à ses progrès, aux travaux qu'elle a accomplis,
mais sans se condamner à une honteuse et aveugle passivité :
s'émanciper en un mot de la sujétion pour s'élever à la fraternité
et à l'association.

S'émanciper du XVIIIe siècle et de la révolution ; c'est-à-dire,
non pas briser la tradition, non pas renier ou déprécier un passé
glorieux, non pas s'égarer dans le vague d'un mysticisme stérile,
en renonçant au point d'appui que le XVIIIe siècle a fourni, mais
reconnaître que le siècle actuel est plus avancé que son devancier ;
constater que le principe de l'époque qui commence n'est plus
celui de la révolution ; tracer nettement et exactement la ligne, de
démarcation qui sépare le passé de l'avenir ; s'approprier les grands
résultats du premier, mais seulement comme des moyens pour
conquérir le second ; trouver dans le passé le point de départ des
générations, mais non pas vouloir les y cloîtrer ; non pas s'obstiner
à confondre la successivité avec la causalité, et à rétrécir la conscience et la mission des peuples, en leur disant qu'ils ne font que
développer des conséquences, travail que les peuples abandonne-
ront toujours à ceux-là même qui ont posé les prémisses, tandis
que le seul fait d'une manifestation sociale, d'une époque, nouvelle, d'un baptême nouveau, hautement annoncé, agrandit leur
horizon, réhabilite leur existence, crée une activité nouvelle, et,
en leur révélant de grandes destinées, leur révèle des forces igno-
rées.

Retremper la nationalité, et l'harmoniser avec l'humanité ; en
d'autres termes, *réhabiliter les peuples par la conscience d'une
mission spéciale à remplir, dont l'accomplissement, nécessaire
au développement de la grande mission humanitaire, doit cons-
tituer leur individualité, et leur acquérir droit de cité, dans la
jeune Europe, que notre époque est destinée à organiser.*

Voilà la mission de la presse ; voilà le problème que doivent se
poser les intelligences de tous les pays.

Que les hommes de cœur ne se découragent pas devant cette
apparente atonie, devant cet engourdissement qui semble peser
sur l'Europe ; c'est la dernière heure d'une époque qui s'éteint. Les

peuples veillent son agonie ; seulement, il ne faut pas que cet état se prolonge ; il faut qu'en la laissant se débattre sur son lit de mort, ils s'élancent à la vie nouvelle, à la cité sainte, aux champs d'avenir qui leur sont promis. En signalant cette hésitation inattendue, cet instant de sommeil en plein jour, ne craignons donc pas que l'ennemi se réjouisse, et qu'il dise : Ils sont faibles. Non ! il sait bien que cela n'est pas ; il sait bien que nous sommes forts ; forts d'un dévouement et d'un courage que rien n'abat ; forts de l'oppression qui plane sur tous les peuples, et les rend solidaires ; forts de la loi du monde et du souffle de Dieu qui lui fraie sa route ; et là où une seule étincelle suffit pour embraser le midi et le nord ; là où un seul cri de peuple qui se réveille suffit pour ébranler la croisade, il n'a pas à se féliciter d'un sursis qui peut expirer demain, dans une heure ; puis, qu'importe ? Que nous fait, à nous, ce qu'on pense au camp ennemi ? Irions-nous, par des considérations telles que celles-là, déguiser la vérité à nos amis ? Irions - nous imiter les patriotes qui croient devoir changer de tactique, parce qu'un homme, Wellington ou tout autre, est appelé au ministère ? Non ; la marche des apôtres de l'humanité n'a rien à démêler avec toute cette manœuvre, fort habile, si l'on veut, mais dont les résultats nous sont encore inconnus. Comme la foi qui nous guide, elle va droit au but ; là où elle soupçonne un danger, elle le signale ; là où elle aperçoit une plaie, elle pose son doigt dessus. La vérité avant tout, c'est là sa devise. Dieu merci, nous ne lui avons jamais manqué, et nous ne lui manquerons jamais.

Joseph Mazzini.

IMPRIMERIE DE H. FOURNIER
RUE DE SEINE, N 14.

Je suis l'auteur.

www.ingramcontent.com/pod-product-compliance
Lightning Source LLC
Chambersburg PA
CBHW061816060726
47597CB00008B/3218